Josef Gyuricza

AF280463

Traumzeit

Gedichte

Für Christine

Josef Gyuricza

TRAUMZEIT

GEDICHTE

Bibliografische Information der Deutschen Nationalbibliothek:
Die Deutsche Nationalbibliothek verzeichnet diese Publikation in der
Deutschen Nationalbibliografie; detaillierte bibliografische Daten sind
im Internet über http://dnd.d-nb.de abrufbar.

ISBN 9783837097702

Herstellung und Verlag: Books on Demand GmbH, Norderstedt

Gestaltung, Layout
und Lektorat: Marco Schwarz, Bad Säckingen
                       www.mso-webdesign.de

Fotos: Josef Gyuricza

Inhalt

Einleitung

Die Gedichte entstanden ganz plötzlich. Begonnen hat alles im Dezember 2006, als ich nur etwas „Eigenes" als Weihnachtsgruß gestalten wollte ... Und daraus wurden vier kleine Gedichte über die Jahreszeiten. Dies war der Anfang einer Reihe von Gedichten, die offensichtlich alle in mir schlummerten und nur darauf warteten, zu Papier gebracht zu werden.

Andere entstanden ganz spontan, manchmal etwas Gehörtes, Gesehenes, Erfühltes, Erlebtes oder einfach ein Satz, der in meinem Kopf umher schwirrte, bis ich ihn endlich niederschrieb.

Da ich seit einigen Jahren durch meine Arhativ-Yoga- und Energiearbeit einige Erfahrungen mit Meditationen sammeln durfte, beschäftigen sich natürlich viele meiner Gedichte mit dem sinnlichen Erleben und den glücklichen Momenten bei der Meditation.
Ich rate jedem Leser, hierbei seine eigenen Erfahrungen zu machen.

Ein bisschen stolz bin ich darauf, dass die „Brentano-Gesellschaft Frankfurt" bereit war, eines meiner Gedichte in die Ausgabe der „Frankfurter Bibliothek" in der Lyrikedition: „Das Neue Gedicht 2007" aufzunehmen.

Nachdem einige nette Menschen meine Gedichte vorab gelesen haben, habe ich ganz unterschiedliche Rückmeldungen erhalten. Von „sehr schön und klar", bis, „was will uns der Dichter damit sagen?" Am besten geht man heran, wenn man den Verstand kurz ausschaltet und seiner Intuition und Phantasie freien Lauf lässt. Trotzdem möchte ich zur Entstehung einiger Gedichte meine Assoziationen kundtun.

„Der Bauch der Mutter Erde", dieses Gedicht entstand, als im Nachbardorf Degerfelden mittels eines Baggers eine große Einkerbung in einen Hügel vorgenommen wurde, um dort Abstellfläche zu schaffen. Hier klaffte mir eines Morgens, während ich zur Arbeit fuhr, eine „erdrote Wunde" mit abgeschnittenen Wurzeln entgegen, die wie Mahnmale, zerrissen und abgetrennt, aus dem Bauch der Mutter Erde ragten. Gleichzeitig verschleierte Nebel und ein leichter Sprühregen die Szenerie.

Wer regelmäßig Yoga betreibt oder meditiert, wird sicherlich einige Erlebnisse in den Gedichten im Kapitel III wieder erkennen. Es gibt, wie schon erwähnt, keine Vorgaben, jeder sieht und fühlt während der Meditation anders.

Vielleicht noch ein Gedanke zum vorletzten Gedicht des Bändchens. Es entstand während einer Reise auf Kreta, nach dem Besuch eines alten Klosters. Hier geschah vor langer Zeit Schreckliches. Die Bewohner aus den umliegenden Dörfern, Männer, Frauen und

Kinder, die während eines Krieges in den Klostermauern Schutz vor den Angreifern suchten, sahen keine andere Möglichkeit, um nicht dem Feind in die Hände zu gelangen, als sich in einer Waffenkammer in die Luft zu sprengen. Übrig blieb ein Büschel Frauenhaar.

Hier möchte ich die Gelegenheit nutzen und meiner Lebensgefährtin Christine danken, die mich bei diesem für mich völlig neuen Projekt unterstützt hat. Sie ermunterte und inspirierte mich immer wieder neu, weiterzumachen.

Danken möchte ich auch Ihnen, die Sie diesen Gedichtband in Händen halten und vielleicht und hoffentlich durch meine Gedichte inspiriert werden, selbst etwas zu schreiben.

Rheinfelden-Obereichsel, im Januar 2009

GebrauchsLyrik

Ich schrieb ein Gedicht
und dann noch eins
und dann noch eins
und gar plötzlich
wollte ich gar nicht mehr
aufhören mit dem Dichten

Niemals zuvor wäre ich
auf den Gedanken gekommen
Lyrik zu verfassen dies war
bislang keine bekannte
Domäne von mir

Nun denn es musste wohl
raus aus mir rein in die Welt

I

Jahreszeiten

Ich bin

Ich bin ab März
ich teilte meine Zeit
mit dir dem „Alter Ego"
besinne mich auf dich
der du mich stets
begleitet hast von hier nach
da und weiter fort
warst mir ein Zwilling
eine zweite Haut so nah
nun gehe ich weit
weg von dir
ich bin nun
endlich
frei

Das Boot

Es schaukelt kaum bemerkt
das kleine Boot im Berges See
die Taue festgezurrt am Kai
sie harren noch der Zeit
wo sie hinausgeleitet
fliehen durch die Gischt
der Bootsmann dann die Segel
hisst und freie Fahrt verspricht

Der Sonne Strahl bricht sich
hindurch der Wolkenwand
bald wabern Spinnen Fäden
statt der Nebel Feuchte
die ersten Blüten schon verblüht
indes Kamelienduft versprüht
den Frühling jetzt und hier
du sitzt und wartest still
am See

Frühling

Windlachen schreitet voran
die Stunde leuchtet im Kelch
Vater Sonne gebiert einen Traum
vielstimmig grüßt dich der Tag

Wohin führt dich dein Weg

Frühlingsduft

Der Morgenröte Duft
versprüht im Sonnentau
die Spinne spinnt ihr Netz
den Glanz des Lichts gefangen
der Strahl dich blendet hell
es ist soweit Du lebst

Sommer

Blüten schillern im Wind
kindhelles Lachen befehligt die Stund
das Gleißen der Wimpern verspürt
die Sonne steht im Zenit

Dein Weg staubig und hell

Herbst

Blätter welken im Wind
das Zirpen der Gräser vertönt
Farben rauschen den Baum
kürzer die Tage vergehn

Noch leuchtet der Weg silbern

Winter

Wind treibt Wolken vorbei
über Felder und Wiesen voll Reif
Winter weißelt die Welt
das Jahr verflogen im Nu

Deine Gedanken fliehen zurück

Schneelicht

Der See gefroren starr
gespiegelt der Krähen Flug
wie schwarze Zeichen
klirrend gefangen im Eis

Vogelspuren im Schnee
weisen dem Wandrer den Weg
das Weiß der Berge verweht
die Silhouette des Feldes verwischt

Einsam der Baum ragt
mit gefrornen Fingern empor
verlassen der Pfad
Schneelicht blendet die Sicht

Die Welt verlassen auf Zeit

Weihnachts-Neujahrsgruß

Kerzenlicht und Plätzchenduft
Weihnachtslieder überall
wir rennen hetzen kaufen
die Zeit verrinnt im Glas

Wir halten inne schauen hörn
wenn wir könnten jetzt
die Kinderaugen sehen mehr
im Licht des Baums zuletzt

Der Glanz zum Fest
die lange Nacht erhellt
die Tage viel zu schnell vergehn
im hellen Schein wohin

Gedanken fliehen durch die Nacht
das Neue Jahr es naht
mit Macht und wieder Licht
mit neuen Sternen kurz verglüht
im Sternenhimmel bald

II

Mensch und Natur

Der Bauch der Erde

Der Bauch der Mutter Erde rot
verwundet und obszön entblößt
durchtrennt die Wurzeln
ihr Schmerz ward nie gehört

Der weiße Schleier fällt regengleich
es ist geschehen

Der Baum

Der Baum die Wurzeln tief und fest
in Mutter Erde die ihn nährt
geduldig steht er Jahr um Jahr
und erinnert sich im Holz der Zeit
er sammelt Kräfte Ast um Ast
sein Schatten immer größer wird
selbstlos teilt er Frucht um Frucht
ob Tier ob Mensch es ist ihm gleich
erbitten musst du seine Kraft
dem Ruf des Innern folgt
die Antwort die du suchst
bist du bereit
sofort

Der Schrei der Möwe

Ich sah sie segeln die Flügel gespreizt
weiß wie Schnee gehärtet im Wind
der Schnabel geöffnet weit
fast starr der Blick auf den Mann mit Brot
ein Laut ertönt klagend und schrill
der Schrei verstummt
der Schnabel gefüllt

Vogelgruß

Vogelsang den Morgen grüßt
der Schnabel voll Musik
der zarte Körper Stimme pur
du lauscht dem Klang geweckt
du dankst dem kleinen Sängerfreund
und hoffst er wird erhört

Sonnenröte

Sonnenröte morgendlich verschleiert
ein Band aus Wolken fein verwoben
der Gruß gilt dir
ein kurzer Augenblick gefangen
das Bild im Kopf als Dia eingebrannt
die Morgensonne nun

Ein Schatten der Erinnerung

Abendrot

Der Sonne Rot im Abendlicht
geboren nur für diese Stund
versunken in des Berges Tal
das rote Leuchten viel zu schnell
gelöscht im Berges Schatten
die Nacht verträumt
du sitzt und blickst gebannt
auf deinem Platz zuletzt

Mondtanz

Vater Sonne rief zum Tanz mit Mutter Mond
doch sie war schwarz, schwarz wie die Nacht
er fand sie nicht im Schatten ihrer selbst
die Finsternis auch ihn umschlang
die Erde war's das Kind
sie stand davor nur kurz
doch siegte bald des Paares Kraft
und leuchtete zum Tanz

Der Ruf

Der Rufer rief die Nacht herbei
darob sie floh hinfort
versteckte sich vor ihm geschickt
auf dass sie keiner wird gewahr
denn gekommen ist die Zeit
noch nicht für sie
geblieben ist der Tag
er wartet dass er wird erlöst
und endlich ruhen kann
wie lang

Der Bauch der Sonne

Die Sonne lacht auf deinen Bauch
die Nase tief im Buch
dem Mörder bist du auf der Spur
die Spannung steigt die Hitze auch
zur Kühlung watest du ins Meer
zurück im Buch und im Roman
den Bauch erneut der Sonn' gewandt
der Schatten wandert langsam nur
die Haut verbrennt du merkst es kaum
der Held entkommt dem Mörder doch
der rote Bauch zuletzt gewinnt
die Seiten zugeklappt

Die stillen Tage sind vorbei

Das „Rote Meer" nicht rot nicht warm
den Wüstensand im Schritt
die Sonne brennt steht im Zenit
der Wind von vorn du liegst geschützt
die Palmen wedeln dir noch zu
der Flieger ruft es geht zurück
zum Abschied eine Rast
das Wüsten-Meer von oben grüßt
in braun in Ocker blau türkis
des Südens Licht entschwindet schnell
die stillen Tage sind vorbei

III

Meditation und Stille

Stille

Bambus umschlungen die Nacht
Mondlachen spiegelt den Traum
der Lotus geschlossen sanft
schimmert die Blüte im Teich

Das Leuchten der Nacht erhellt
das Dämmern der Strahlen
beginnt die Röte durchflutet
Bäume wiegen im Wind

Der Stein versandet im Fels
Schatten fliehen den Tag
du wartest gebannt
der Kelch den Lotus gebiert

Dein Auge nach innen gewandt
lieblich die Stille … in Dir

Der See

Stille vor allem Stille nun
ein blaues Schild im Dunst
die Berge fern und greifbar nah
das Boot wiegt leicht im Wind
grüßen willst du deine Bucht
doch wartet sie schon lang
auf dich damit du dich
erinnerst an die Nacht
vor deiner Zeit als
du gefangen warst
und frorst in
deiner Seel'
zuletzt

Ruf des Herzens

Dem Ruf des Herzens folgend
wohin führt dich dein Weg
bist du bereit den ersten Schritt zu tun
der Abgrund tief dich schon erwartet
denn fallen musst du selbst
erst wenn du fliegst so bist du frei
die Fäden silbern halten dich
du landest weich wenn du vertraust
der Leere die dich sanft
geleitet in den See der
tief und klar gespiegelt
dich umfängt

OM

Ein Laut zur Schöpfung unsrer Welt
das Universum half bei der Geburt
Moleküle werden eins im Licht
die DNS spiralt im Gen
der Wehen Urschrei ist ein Knall im
Schwall von Sternen nun vereint
zur Materie in Raum und Zeit

Der Laut währt immer noch und mehr
das Werk nun bald vollendet ist
die Schwingung wird rasant erhöht
wer fühlen kann der hört
den Klang ganz klar
und hell

OM

Traumzeit

Die Sinfonie in Dur
durchtönt den Hügel hell
ameisengleich
die Königin befiehlt

Dein Ohr belauscht
der Perle blau
pulsiert im Takt
Fontänen gleich

Die Zeit verrinnt im Glas
gebannt der Traum
gepflückt der Sinne Lust
entsteigt der Wurzel hoch

Geweckt der Schlange Kraft
im Stromes Fluss
die Energie dich trägt
du steigst empor … wohin?

Der Pfad des Yogi

Den Rücken gerade die Beine verkreuzt
den Blick nach innen gewandt
die Atmung kaum hörbar
im Sein entschwebt durchwirkt
Energie den Raum zur Gänze erfüllt
die Kraft bewegt die Zeit steht still
kaum fühlbar noch

Das Leuchten des Pfads

Das Licht der Stille

Seit vielen Tagen still er sitzt
der weiße Lotus ihn umfängt
geborgen wie in Mutters Schoß
kein Laut ihn stört nur mehr
ein Hauch von Atem leis'
wie der Libelle Schlag
des Auges Leuchten steigt
empor die Säule wächst
brillantes Licht
umhüllte
Kron'

Der Gruß des Buddhas

Er hob die Hand zur Mitte seiner Brust
der Gruß galt Dir allein im Raum
du fühltest wohl die Energie
ein Leuchten wie Indigoblau
und Gold vor deinem Aug
dein Herz ward still erfüllt
kein Gedanke dich jetzt stört
du hörst und fühlst es tief in dir
die Musik so leise nur
bist du bereit
so flieg

Des Sehers sehen

Er saß im Kelch der Blüte leicht
war gänzlich teil der Pflanze Seel'
gefüllt der Kopf mit Farben Klang
der Bauch gesättigt mit dem Duft
der ihn betört berauscht begehrt
bis zur Ekstase seines Seins
der Blick eröffnet seine Sicht
der Horizont ward nun dort selbst
die Innenschau befreit das Sehn
ihm die Erlaubnis wird erteilt
von lichten Wesen die er rief

Des Sehers Schau
endlos beginnt

IV

Engelwesen

Das Auge der Heiligen

Die Stimmen verhallen im Raum
Gesänge der Tablas umrahmt
Augen so stark und so sanft
du wartest gebückt

Berührung durchflutet dein Herz
welch stille Kraft die Seele geheilt
große göttliche Mutter voll Licht
das Kind willkommen im Arm

Dein Körper geborgen und leicht
entrückt das Auge in dir
lichthell verbunden und klar
universelle Liebe erfüllt

Engelsflügel tragen dich fort

Des Engels Traum

Du gehst den Weg schon lang
im Tun geleitet unbeirrt
jetzt wo die Zeit dich braucht
dein Lächeln dich jetzt führt
vertrauensvoll du wirst erhört
von Engeln die du rufst
im Traum die Hilfe tausendfach
sie steht bereit für dich
um die zu heilen die da sind
mit Licht das über sie sich
legt

Die Zeit der Löwen

Der Löwen Macht empfängt
nun bald beim Einlass jeden
der als Gast dein Haus betritt
erspürt der Kräfte Fluss
den Lauf der Energie
zur Quelle will man schnell
mit Seelenkraft respektvoll
zu der Frau die heilt

Der Flug

Der Blick verengt doch plötzlich weit
die Silberschnur sie hält dich fest
du stehst am Rand bereit zum Flug
vertraust dem Lehrer der dich lehrt
der erste Schritt allein er gilt

Wo ist der Fallschirm der dich trägt
der freie Fall erträumt erlebt
du weißt es nicht es ist passiert
du hörst die Stimme die dich ruft
der Grund ist grundlos wenn du suchst

Frei wie ein Vogel ohne Angst
kein Flügel trägt dich weg hinab
gesichert durch des Bandes Kraft
du landest sanft dem Boden nah
die Schnur aus Silber wird entrollt

Die Kraft des Lächelns

In des Lebens Blüte
geöffnet schon ihr Kelch
duftend frisch arrangiert
im Glas der Zeiten kurz
im Weltenlauf jedoch
nur dieser Augenblick genügt
zu ihrer Vollendung jetzt
ein Lächeln ward's voll Kraft
im Einklang mit der Welt

Die große Mutter lacht

Der Flug des Ikarus

Er ist bereit der Flug beginnt
die Arme hoch erhoben
die Flügel flattern hart im Wind
empor er steigt mit voller Wucht
zum Greifen nah der helle Strahl
doch Vater Sonne stutzt
die Flügel kurz und klein
der Flug verkehrt statt
hoch fliegt er hinab
er rudert mit des Flügels Rest
die Arme werden lahm
der Fall steht nunmehr kurz bevor
die Lippen formen einen Schrei
ihr Götter helft in meiner Not
doch keiner hört den Laut
allein er ist
erwacht aus diesem Traum

V

Menschenbilder

Leben

Du hast gelebt dein Leben schnell
und stets gefährlich hart am Rand
dein Motor ward so schnell verbraucht
geblieben ist dein Werk
voll Poesie voll Prophetie
versteckt verschlüsselt hieroglyph
geheimnisvoll und rätselhaft
noch ist die Zeit nicht reif
zu pflücken deiner Werke Frucht
bis dereinst der Seher schaut
die Bilder außer Raum und Zeit
die Wahrheit dann im Strich vereint
so klar der Sinn sich offenbart

Es ist die Seel' die spricht

(für Gesa)

Der Felsenhüter

Der Felsenhüter rief
die Äonen in des Steines Kreis
wissend ruhend gewahr

Die Weisen sie sind nun erwacht
im Spiegel des Obsidians
erinnert das Druidenmesser trennt
das Zeitalter der Alten jetzt

Der Weltkalender ist enthüllt
in des Magiers Sichel hell
die Zeichen sind im Stein geritzt
des Kreises Lauf nun neu
beginnt

Lachen

Dein Lachen neu den Tag begrüßt
vibrierend flirrend Luft beschwingt
durchwebt die Spinne schnell ihr Netz
Perlen glitzernd Tau im Gras
vorbei der Traum die Nacht der Lust
die Knospe weit geöffnet
fürwahr
du lebst in ihr

Heldin der Nacht

Geborgen wie in Mutters Schoß
die Nacht dich sanft umfängt
geleitet in der Träume Welt
die Heldenreise nun beginnt
du bist die Siegerin in dieser Nacht
die Taten groß der Ruhm gewiss
doch viel zu früh erwacht geweckt
die Erinnerung ganz schnell verblasst
es ist der Tag gibst ihm die Schuld
doch klagen nützt nicht viel
die nächste Nacht der Heldin Glück
ein neues Spiel beginnt

Das Kloster

Des Klosters Mauern kühl erdacht
im Feld der Ähren Blut durchtränkt
beredtes Schweigen dich empfängt
der Mütter Leid
die Kinder fast erdrückt im Arm
die Todesschreie nur erahnt
durchschreitest Du die Festung still
die Büschel Frauenhaare an der Wand
zur Schau gestellt gerahmt gemahnt
der Nachwelt die da kommt
das schwarze Pulver ist verraucht
die Asservatenkammer leer

Die Seelen klagen noch

Die Frau die heilt

Die Welt sie braucht dich nun so sehr
stets bist du bereit für die und den
die Hilfe brauchen hier und jetzt
für Körper Geist und Seel'

Die Anamnese ist gewiss
des Muskels Arm dich führt
intelligent wird gleich erfasst
wo und warum und erst woher
die Krankheit sich manifestiert

Aus alter Welt vor der Geburt
gar manches Mal schon ausgelöst
erlebtes Schicksal rasch erneut durchlebt
gewahr die Lösung naht rasant
der Mensch befreit die Zeit gelöst

Welch glücklicher Moment für den
der dich gesucht gefunden hat
zur Frau die heilt mit großer Kraft
welch' Karma welches Glück

Informationen zum Autor

Josef Gyuricza
Geboren 1954 in Budapest
Nach dem Aufstand 1956 in
Ungarn übergesiedelt nach
Deutschland.
Sozialisiert und aufgewachsen
im katholisch schwäbischen
Städtchen Ehingen.

Dann über Ulm nach Freiburg zum Studium
der Sozialarbeit und Medienpädagogik.
Seit 1982 angekommen in Südbaden.

Lebt im beschaulichen Rheinfelden-Obereichsel
arbeitet in Grenzach-Wyhlen.

Meine weiteren Aktivitäten

Seit langem beschäftige ich mich neben meiner Arbeit im Sozialbereich mit alternativen Heilmethoden. Ich konnte hier in den letzten 18 Jahren sehr vielfältige Erfahrungen sammeln.
Es war am Anfang für mich nicht einfach, bei den vielen unterschiedlichen Angeboten und Techniken, die es gibt, die Spreu vom Weizen zu trennen. In der alternativen Heilerszene tummeln sich gar kuriose und oftmals leider sehr unseriöse Menschen, die häufig ganz anderes im Sinn haben.

Ich hatte anscheinend Glück, auf meiner eigenen Suche geführt zu werden. Ich traf oftmals Menschen, die „gerade zur rechten Zeit" meine Begleiter oder Lehrer waren und mich zielsicher dorthin führten, wo ich hin wollte.
Für mich wichtige Persönlichkeiten und deren profundes Wissen bei meiner „Initiation" waren Paramahansa Jogananda, Dr. Mikao Usui, der Dalai Lama und Master Choa Kok Sui.

Jetzt habe ich seit einigen Jahren die Freude, hier in Südbaden selbst Lehrer für eine ungemein wirksame und effektive Heiltechnik zur eigenen Gesundheitsvorsorge und Stärkung der Selbstheilungskräfte sein zu dürfen, deren Grundtechniken von jedem, der dazu bereit ist, ohne jegliche Vorkenntnisse ganz leicht erlernt werden können.

Ich lade Sie ein, bei einem meiner nächsten Vorträge die Technik selbst kennenzulernen.

Näheres erfahren Sie unter www.healing-light.de oder www.pranic-healing.de